胖胖豆拿着汽水,邊走邊喝,
喝完就把汽水罐一扔,
差點擊中後面的脆脆豆。

小跳豆
Jumping Bean
做**最好**的自己故事系列

正義的糖糖豆

冷靜處理

新雅文化事業有限公司
www.sunya.com.hk

小跳豆 做最好的自己故事系列

培養積極樂觀的正向性格，讓孩子快樂地成長！

擁有正向性格的孩子，會願意主動探索新事物和迎接挑戰。因此，培養幼兒樂觀積極的正向態度非常重要。

《小跳豆做最好的自己故事系列》共10冊，分別由10位性格不同的豆豆好友團團員擔當主角。孩子透過他們的經歷，可以進一步認識自己、了解他人，嘗試明白並接納不同人的性格特點，學習以正向的態度發揮所長、擁抱自己的不完美，以及面對各種困難，積極樂觀地成長。

豆豆好友團介紹

跳跳豆

糖糖豆

哈哈豆

小紅豆

皮皮豆

胖胖豆

力力豆

博士豆

火火豆

脆脆豆

齊來認識本冊的主角吧！

糖糖豆

- 跳跳豆的孿生妹妹
- 富有正義感
- 崇拜英雄

新雅・點讀樂園 升級功能

　　本系列屬「新雅點讀樂園」產品之一，若配備新雅點讀筆，爸媽和孩子可以使用全書的點讀和錄音功能，聆聽粵語朗讀故事、粵語講故事和普通話朗讀故事，更可錄下爸媽和孩子的聲音來說故事，增添親子閱讀的趣味！

　　家長如欲另購新雅點讀筆，或想了解更多新雅的點讀產品，請瀏覽新雅網頁(www.sunya.com.hk)。

如何使用新雅點讀筆閱讀故事？

1. 下載本故事系列的點讀筆檔案

1 瀏覽新雅網頁(www.sunya.com.hk) 或掃描右邊的QR code

進入 新雅・點讀樂園 。

2 點選 下載點讀筆檔案 ▶ 。

3 依照下載區的步驟說明，點選及下載《小跳豆做最好的自己故事系列》的點讀筆檔案至電腦，並複製至新雅點讀筆的「BOOKS」資料夾內。

2. 啟動點讀功能

開啟點讀筆後，請點選封面右上角的 圖示，然後便可翻開書本，點選書本上的故事文字或圖畫，點讀筆便會播放相應的內容。

3. 選擇語言

如想切換播放語言，請點選內頁右上角的 粵 ☆ 普 圖示，當再次點選內頁時，點讀筆便會使用所選的語言播放點選的內容。

4. 播放整個故事

如想播放整個故事，請直接點選以下圖示：

5. 製作獨一無二的點讀故事書

爸媽和孩子可以各自點選以下圖示，錄下自己的聲音來說故事！

1 先點選圖示上 爸媽錄音 或 孩子錄音 的位置，再點 OK，便可錄音。

2 完成錄音後，請再次點選 OK，停止錄音。

3 最後點選 ▶ 的位置，便可播放錄音了！

4 如想再次錄音，請重複以上步驟。注意每次只保留最後一次的錄音。

爸媽請使用這個圖示錄音

 孩子請使用這個圖示錄音

今天，豆豆們高高興興地
到郊外遊玩。

糖糖豆對胖胖豆說：
「你怎麼可以隨處丟垃圾？
我們應該愛護環境，
把郊遊的垃圾帶走。」

「對不起。」
胖胖豆一邊拾起汽水罐，
一邊跟脆脆豆道歉。

來到野餐地點，大家休息的休息，
玩球的玩球，拍照的拍照。

「停止啊！」

突然，糖糖豆大叫。

原來，她要阻止皮皮豆在樹幹上刻字。

糖糖豆說：「我們要愛護樹木，不能在樹上刻字或塗鴉。」

糖糖豆富有正義感，
最看不慣別人的不當行為，
大家都愛找她評理。

這天，
小紅豆哭着跑來找糖糖豆：
「嗚……火火豆把我的背包踢到
河裏了。」

糖糖豆馬上去找火火豆。

「是我把小紅豆的背包踢到河裏的，

因為……」火火豆說。

「你欺負小紅豆，

我們不跟你玩了。」

憤怒的糖糖豆沒有聽下去，

就拉着小紅豆走了。

這幾天，大家都不理睬火火豆。
火火豆也生氣了，說：
「你們為什麼不把事情先弄清楚？」

原來，那天小紅豆在河邊畫畫，
火火豆看見一條小蛇爬進
小紅豆的背包內。
火火豆怕小紅豆有危險，
情急起來，一腳把背包踢進河裏。

「我知道小紅豆喜歡那個背包，
我找了很久，
才買到一模一樣的。」
火火豆遞給小紅豆一個新背包。
小紅豆紅着臉接過背包，説：
「謝謝你，火火豆。」

糖糖豆向火火豆敬禮，說：
「對不起，火火豆。
以後，我一定先把事情弄清楚，
做個明辨是非的精明豆。」

小跳豆做最好的自己故事系列
正義的糖糖豆

作者：袁妙霞

繪圖：李成宇

策劃：黃花窗

責任編輯：黃偲雅

美術設計：劉麗萍

出版：新雅文化事業有限公司

香港英皇道499號北角工業大廈18樓

電話：（852）2138 7998

傳真：（852）2597 4003

網址：http://www.sunya.com.hk

電郵：marketing@sunya.com.hk

發行：香港聯合書刊物流有限公司

香港荃灣德士古道220-248號荃灣工業中心16樓

電話：（852）2150 2100

傳真：（852）2407 3062

電郵：info@suplogistics.com.hk

版次：二〇二三年六月初版